COLONISATION

DE

L'ALGÉRIE

AU MOYEN DE L'ARMÉE

PAR M. ***

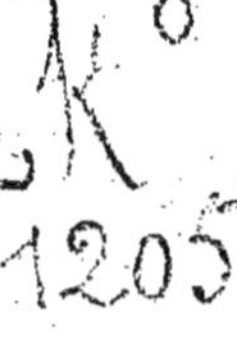

BESANÇON

IMPRIMERIE ET LITHOGRAPHIE DE J. JACQUIN

Grande-Rue, 14, à la Vieille-Intendance

1881

COLONISATION

DE L'ALGÉRIE

AU MOYEN DE L'ARMÉE

PAR M. ***

Coup d'œil sur la marche de la colonisation en Algérie jusqu'à ce jour.

Les événements qui viennent de se passer dans la province d'Oran, ainsi que certains symptômes qui se sont manifestés sur toute la surface de l'Algérie, incendies, attaques de particuliers, pillages de fermes isolées, etc., ont démontré que la haine des Arabes contre leurs dominateurs est loin de s'apaiser.

Il est nécessaire que la France possède dans sa grande colonie une population nationale plus dense et assez forte pour imposer aux indigènes.

Pour que la population française puisse atteindre un chiffre élevé en Algérie, il est nécessaire que la plus grande partie du sol, la meilleure au moins, se trouve entre les mains de nos nationaux. La loi d'expropriation pour cause d'utilité publique, dont le gouvernement paraît avec raison disposé à faire un large usage, permet d'atteindre ce but.

Mais l'application de cette loi, en enlevant la terre aux

indigènes, excitera chez eux de vifs mécontentements, et les nouveaux propriétaires du sol devront être à même de repousser les agressions des anciens.

L'armée ne suffit pas pour assurer la sécurité du colon algérien ; elle ne peut avoir des détachements partout. Il faut, pour que cette sécurité existe réellement, qu'il se trouve dans chaque centre colonisé une population européenne en état de résister aux indigènes. Il faut que le colon sache manier le fusil et la charrue et qu'il soit à la fois soldat et cultivateur.

La crainte de se trouver menacé par les Arabes dans sa personne et dans ses biens empêche journellement une foule de paysans laborieux de profiter des avantages que le gouvernement offre généreusement à ceux qui veulent se fixer en Algérie, et d'aller prendre leur part des superbes bénéfices que la culture de la vigne donne dans ce pays.

Maintenant que le service obligatoire commence à produire ses heureux effets, les hommes qui se dirigent vers la colonie seront restés pendant un temps plus ou moins long dans les rangs de l'armée. Mais il est à craindre qu'ils ne possèdent pas la profession d'agriculteur en plus grand nombre que par le passé.

Les Français qui se sont rendus jusqu'ici en Algérie avaient en général exercé sans succès plusieurs métiers, hors celui d'agriculteur, qui leur était complètement inconnu [1]. Souvent ils n'ont pas rendu à la colonisation les services qu'on était en droit d'en attendre, et les dé-

---

[1] Après la guerre de 1870, bien peu des Alsaciens qui vinrent en Algérie méritaient les avantages de toute sorte qui leur étaient accordés. Ils ne connaissaient rien en agriculture. En 1871, on a dirigé sur un point 102 Alsaciens-Lorrains, mariés ou garçons. Sur ce nombre, *deux* seulement avaient la profession de cultivateur et savaient lier une paire de bœufs.

penses qu'ils avaient occasionnées au gouvernement n'ont amené aucun résultat. De là, beaucoup de gens fatigués de dépenses inutiles et prompts à se décourager, ont conclu qu'il était impossible de procurer à la colonie des éléments capables de former une population honnête devant un jour accroître les forces de la nation.

Cette conclusion est fausse.

Avant de le prouver, nous allons énumérer les qualités que doit posséder un colon.

Qualités du colon.

Voici les principales :

Etre Français ;

Etre jeune et vigoureux ;

De bonne conduite et laborieux ;

Connaître la culture du pays et en particulier celle de la vigne ; par exception, posséder un métier ;

Savoir combattre ;

Avoir quelques avances ;

Etre marié. — Cette condition n'est à désirer que si l'homme possède quelques avances ; dans le cas contraire, il vaut mieux, surtout en arrivant dans le pays, être garçon que chargé d'une femme et d'enfants en bas âge. On peut compter qu'aussitôt les premières difficultés de l'établissement vaincues, le colon se mariera dix-neuf fois sur vingt. L'expérience le prouve.

Moyen d'avoir de bons colons.

On peut amener à se fixer en Algérie autant de colons possédant les qualités ci-dessus énoncées que la chose est nécessaire, et cela sans dépense pour l'Etat, en lui procurant au contraire des économies.

On pourra grouper ces colons de manière à remplir l'objet principal, le développement de la sécurité dans le pays.

Pour obtenir ces résultats si importants, il faudra :

1° Choisir dans l'armée des jeunes gens que l'on formera au métier de colon ;

2° Obtenir d'une puissante société financière, comme la Société générale, qu'elle forme une forte Société de colonisation algérienne.

L'Etat facilitera la formation de cette compagnie et assurera son avenir en lui accordant des concessions dans les centres de colonisation à établir, et le droit de couper pendant dix années, dans les forêts de l'Etat, les bois nécessaires à son installation.

Chacune de ces concessions sera située dans le périmètre de villages et comprendra les lots de village correspondant à un certain nombre de feux.

Le quart de la superficie totale de la concession sera propre à la culture de la vigne.

La compagnie aura un régisseur à la tête de chacune de ses concessions.

La compagnie organisera ses concessions en exploitations agricoles, où la culture de la vigne jouera un rôle important.

Moyennant l'appât d'une solde relativement élevée et avec la promesse d'avoir en concession un lot de village d'une étendue de 40 hectares au moment de la libération de leur classe, on trouvera dans les régiments un grand nombre de jeunes gens qui demanderont à être envoyés sur les domaines de la compagnie, surtout dans les corps stationnés en Afrique, où les hommes pourront juger par eux-mêmes de l'importance des avantages qui leur sont offerts, et qui voient de leurs yeux la production de la vigne.

Les concessions ainsi accordées ne seront pas prélevées sur les propriétés de la compagnie ; elles seront comme celles-ci situées dans le périmètre de villages.

Le soldat libéré n'est pas forcé d'accepter au moment de la libération la concession à laquelle il a droit.

Pendant le temps que ces jeunes gens passeront à la compagnie, ils seront désignés sous le nom de soldats-colons.

Les demandes pour être soldat-colon seront examinées aux inspections trimestrielles.

Ne seront admises que celles formées par des jeunes gens ayant déjà fait au moins un an de service, ayant encore deux ans à faire, et possédant les qualités nécessaires pour faire un bon colon.

La première année, par exception, les jeunes gens envoyés à la compagnie auront par moitié trois ans et deux ans de service à faire.

Les soldats-colons qui quitteront la compagnie par l'effet de libération ou autres causes seront remplacés par des hommes n'ayant plus que deux ans à rester sous les drapeaux.

Les soldats-colons seront pris dans les différentes armes, et de préférence dans les corps en garnison en Algérie, dans lesquels les hommes sont accoutumés au pays, à ses mœurs, à ses hommes et à son climat. Ils devront en général avoir la profession de cultivateur.

Les soldats seront envoyés à la compagnie sur la demande que celle-ci en adressera à l'autorité militaire, à mesure qu'elle sera prête à les recevoir pendant la période d'installation, et ensuite à mesure qu'il se produira des vacances par l'effet de libérations ou autres causes.

Des sous-officiers d'élite accompagneront les soldats-colons à la compagnie, un par concession.

Ces sous-officiers conserveront le droit au rengagement.

Après qu'ils auront passé quatre ans au moins à la compagnie, l'Etat leur accordera un lot de village.

Les sous-officiers ou soldats seront, au moment de leur départ des régiments, classés ainsi : en congé illimité, employé à la colonisation militaire de l'Algérie.

Situation des sous-officiers et soldats-colons à la compagnie.

Les sous-officiers et soldats-colons arriveront à la compagnie en tenue de campagne (effets neufs).

Pendant le temps qu'ils passeront à la compagnie, les soldats-colons seront instruits dans les procédés de l'agriculture algérienne.

Les sous-officiers surveilleront les soldats-colons et les dirigeront dans leurs travaux. Ils signaleront à l'autorité militaire ceux qui se feront remarquer par leur inconduite ou leur mauvaise volonté. Ces sujets douteux seront immédiatement renvoyés à leur corps.

Les sous-officiers dont la compagnie aurait à se plaindre seront de même rendus à leur ancien régiment.

Chaque sous-officier passera la revue de son groupe le premier dimanche de chaque mois.

Les soldats-colons ne se mettront en tenue que pour passer la revue et pour combattre.

Les sous-officiers conserveront la tenue militaire.

A partir du moment où les sous-officiers et les soldats-colons quitteront la compagnie, celle-ci les défraiera de tout et déchargera l'Etat de toute dépense à leur égard.

Les sous-officiers recevront 5 fr. par jour..

Les soldats-colons recevront à leur arrivée à la compagnie une fourniture complète d'effets de travail.

Il leur sera alloué une solde de 2 fr. 25 par jour.

Ils vivront au mode économique de l'ordinaire.

La compagnie leur abandonnera au prix minimum les légumes récoltés sur ses concessions.

La compagnie remettra une somme de 150 fr. au soldat-colon la quittant par libération.

Au moment où le soldat-colon libéré arrivera sur sa concession, il y trouvera une maisonnette prête à le recevoir, le mobilier indispensable, une charrue attelée de deux bœufs, le grain nécessaire à la semence. Il recevra 2 fr. 50 par jour pendant une année.

La compagnie fera les avances que nécessitent ces dépenses, s'élevant à 2,000 fr.

Elle s'en remboursera seulement à partir de la cinquième année, comptée du moment où le prêt a été fait, au moyen d'un système d'annuités très avantageux pour le colon.

Elle prendra hypothèque sur la concession du colon. Cette concession nue vaut en moyenne 6,000 fr. Le colon trouvera facilement à emprunter ce qu'il lui faudra pour attendre la deuxième récolte, si cela lui est nécessaire.

Il arrivera nécessairement un moment où l'Etat n'aura plus de terre à concéder. La compagnie en sera informée deux ans auparavant. Elle continuera néanmoins à recevoir des soldats-colons qui lui seront envoyés, non plus avec la promesse d'avoir une concession au moment de leur libération, mais avec celle d'être alors établis comme fermiers sur les domaines de la compagnie, dans des conditions exceptionnellement avantageuses.

Nous allons maintenant rechercher le nombre total de

lots de village qu'il conviendrait de mettre entre les mains de la compagnie, et le nombre de soldats-colons qui devront lui être envoyés.

Etendue des concessions de la compagnie. Nombre de soldats-colons à envoyer à la compagnie.

Nos raisonnements auront pour point de départ le rapport de M. le député Thomson [1], ayant pour objet d'obtenir qu'une somme de 50 millions soit avancée par l'Etat au gouvernement algérien pour hâter le développement de la colonisation.

D'après M. Thomson, il reste encore à créer en Algérie 300 villages, chaque village contenant 50 lots de village de 40 hectares, soit 2,000 hectares par village. Ces villages seront établis sur des terres appartenant actuellement à l'Etat ou achetées par expropriation aux indigènes, au prix très faible de 85 fr. l'hectare.

$$300 \times 50 = 15,000.$$

C'est donc 15,000 lots de village pour lesquels l'Etat a besoin de colons sérieux.

L'Etat trouvera facilement et rapidement la moitié de ce nombre de colons en concédant à la compagnie 1,500 de ces lots de village répartis par vingt en moyenne dans 75 villages, l'ensemble de ces lots possédant une superficie totale de 60,000 hectares.

Les concessions de la compagnie auront une étendue moyenne de 800 hectares, dont un quart, soit 200 hectares, propre à la culture de la vigne.

Ces terres seront remises à la compagnie dans un délai de deux ans ; un tiers au commencement de la pre-

---

[1] Séance du 12 juillet 1881.

mière année, un tiers au commencement de la deuxième, un tiers dans le courant de la deuxième.

Les 75 concessions de la compagnie seront organisées en concessions agricoles en trois ans, vingt-cinq par année.

Chaque concession devra recevoir un nombre de soldats-colons — une fois et demie le nombre de lots de villages qu'elle comprend, soit trente.

Ce nombre pourra être porté à quarante sur la demande de la compagnie. Egalement sur la demande de la compagnie, il lui sera envoyé, comme soldats-colons, un certain nombre d'ouvriers de métier. Il leur serait accordé au moment de leur libération un lot industriel. La compagnie leur ferait aussi à cette époque certains avantages qui leur permettraient de s'établir dans de bonnes conditions, pour continuer l'exercice de leur profession sur la terre d'Afrique.

Ces ouvriers devraient, pendant leur séjour à la compagnie, exécuter tout travail qui leur serait commandé en dehors de leur métier.

La compagnie aura toujours en vue qu'il arrivera un moment où l'Etat n'aura plus de terres à concéder. Elle organisera ses concessions de manière à y établir alors autant de fermiers que la concession comprend de lots de village, soit 20 fermes contenant chacune au moins 10 hectares de vigne.

Services rendus à la colonisation par la compagnie.

Les soldats-colons libérés devant ne rester que deux ans à la compagnie, chaque concession fournira annuellement au service de la colonisation au moins quinze soldats-colons libérés. La première année, par exception, elle n'en fournit aucun.

La compagnie aura au moins sur ses concessions :

la 1re année . . . . 750 soldats-colons
la 2e — . . . . . . 1,500 —
la 3e — . . . . . . 2,250 —

De ses domaines il sortira un nombre de soldats-colons libérés qui s'élèvera au moins :

la 1re année 0
la 2e — 375
la 3e — 750
la 4e — 1,125
la 5e — 1,125
la 6e — 1,125

Total 4,500

De sorte qu'au bout de six ans, la compagnie aura déjà mis à la disposition de l'Algérie 4,500 colons excellents. Ces 4,500 colons pourront être répartis par vingt dans 225 des 300 villages à fonder ($225 \times 20 = 4,500$), tandis que les 75 autres de ces 300 villages posséderont les groupes de soldats-colons placés sur les domaines de la compagnie.

Ainsi, en six ans, la compagnie aura rendu à la colonie l'éminent service d'avoir procuré à 300 villages un groupe d'au moins 20 colons, bons agriculteurs et bons combattants, qui y garantiront la sécurité, qui enlèveront toute idée de maraude aux indigènes dans les temps ordinaires, et qui serviront de noyau à la défense locale dans les temps troublés.

Après la sixième année, la Société continuera de fournir plus de 1,100 colons par an aussi longtemps qu'il sera nécessaire.

La loi d'expropriation absorbera progressivement le sol; la Société de colonisation le peuplera.

Si une société de colonisation comme celle dont nous parlons eût pu être constituée sur un assez large pied dans les premières années de la conquête, si depuis lors on eût employé dans d'assez grandes proportions le mode de recrutement pour les colons que nous venons d'indiquer, l'Algérie serait maintenant une terre vraiment française, et l'indigène, complètement dominé par le colon, ne serait plus depuis longtemps un sujet de préoccupation.

La colonisation de la Tunisie sera certainement avant peu une des questions à l'ordre du jour. Ce mode de recrutement devra y être appliqué sans retard. Il permettra d'y établir très vite notre domination. Que le gouvernement mette donc à profit les circonstances actuelles pour enlever le plus de terres aux Tunisiens qu'il est possible. La Société de colonisation, prenant, s'il le faut, l'accroissement en rapport avec les nouveaux besoins, se chargera de les peupler rapidement et solidement de colons qui y représenteront dignement la mère patrie.

Economie résultant pour l'Etat de l'existence de la Société de colonisation.

Si la Société de colonisation entraînait de grandes dépenses pour l'Etat, ce serait une grave objection qui pourrait faire hésiter à la former. Mais il n'en est rien ; elle est au contraire une source d'économies.

Du moment où le sous-officier et le soldat-colon sont classés « en congé illimité, employé à la colonisation militaire de l'Algérie, » ils cessent d'être la cause d'une dépense quelconque imputable au budget de la guerre.

Les sous-officiers seront remplacés à leur corps et ne

procureront aucune économie. Mais il n'en sera pas de même des soldats-colons. En évaluant à 400 fr. par an l'économie que leur envoi à la compagnie procure à l'Etat, on est au-dessous de la vérité. Il en résulte en six ans une économie de 4,500,000 fr. pour le budget.

Chacune des années venant après la sixième procurera une économie de $2,250 \times 400 = 1,000,000$.

Ces économies pourront rester entre les mains du ministre de la guerre. Cependant l'emploi le plus utile qu'il pourrait en être fait, consisterait à s'en servir pour aider les soldats-colons à s'installer sur leurs concessions. On pourrait remettre à chacun d'eux la part d'économie résultant de son fait, soit 800 fr.

Il nous semblerait juste également qu'une partie des sommes économisées fût remise au gouvernement algérien, pour l'indemniser des concessions de terrains qu'il a accordées à la Société de colonisation.

Cette compagnie devra être constituée au capital de 15,000,000 fr., entièrement libéré, les terrains concédés n'entrant pour rien dans ce chiffre.

Nous démontrerons prochainement, dans une nouvelle étude, comment le plus magnifique avenir est assuré à la Société de colonisation.

Le soldat-colon, après sa libération, trouvera, lui aussi, non seulement l'aisance, mais la fortune sur sa concession. Il suffit de rappeler que la vigne prospère partout en Afrique, au moins dans les terrains choisis pour la colonisation, et qu'à partir de la cinquième année de son existence, cette plante privilégiée rapporte annuellement plus de 1,200 fr. par hectare net à celui qui la cultive lui-même.

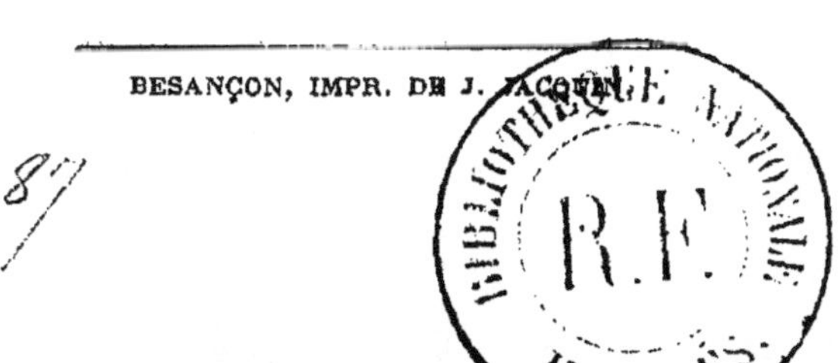
BESANÇON, IMPR. DE J. JACQUIN.

www.ingramcontent.com/pod-product-compliance
Lightning Source LLC
Chambersburg PA
CBHW051221050726
47594CB00007B/3311